Moonstone Press

Editora de proyecto: Stephanie Maze
Directora de arte: Alexandra Littlehales
Editora: Rebecca Barns

FOTOGRAFÍA: Portada: © 2002 Nicole Duplaix/National Geographic Image Collection; Contraportada: © 2002 Paul & Shirley Berquist/Animals Animals; en orden, comenzando con la página con título: © 2002 John & Karen Hollingsworth/Courtesy of U.S. Fish and Wildlife Service; © 2002 Steven J. Krasemann/DRK Photo; © 2002 Johnny Johnson/DRK Photo; © 2002 O.S.F./Animals Animals; © 2002 Robert I. Campbell/National Geographic Image Collection; © 2002 Tui de Roy/Minden Pictures; © 2002 Joel Sartore; © 2002 Stan Osolinsky/Corbis Stock Market; © 2002 Jim Brandenburg/Minden Pictures; © 2002 Fred Bavendam/Minden Pictures; © 2002 Photowood Inc./Corbis Stock Market; © 2002 Mitsuaki Iwago/Minden Pictures; © 2002 Michael Fogden/DRK Photo; © 2002 Ron Sanford/Corbis Stock Market; © 2002 Michio Hoshino/Minden Pictures;

Este título es parte de la serie, *Momentos en el reino animal*.

Publicado en Estados Unidos por Moonstone Press,
7820 Oracle Place, Potomac, Maryland 20854

Los permisos de reproducción deben ser enviados a:
Moonstone Press, 7820 Oracle Place, Potomac, Maryland 20854

ISBN 0-9707768-4-5
Library of Congress Cataloging-in-Publication Data
Peaceful moments in the wild. Spanish.
Momentos de paz en el reino animal: los animales y sus hogares / [editora, Stephanie Maze].—1st ed.
p. cm.
Summary: Photographs and simple text present a variety of animals in the places where they live.
1. Animals—Habitations—Juvenile literature. [1. Animals—Habitations.
2. Spanish language materials.] I. Maze, Stephanie. II. Title
QL756 P33182001
591.56'4—dc21   2001044312

Primera Edición

10 9 8 7 6 5 4 3 2 1

Printed in Singapore

Momentos de paz

en el reino animal

Los animales y sus hogares

En todo el mundo los
animales viven en lugares
especiales, más grandes
o más pequeños.

Los pumas descansan muy protegidos en su **caverna** en Arizona.

Los pingüinos Emperador se reúnen en los helados **glaciares** de la Antártida.

Las laboriosas
abejas hacen
miel y cuidan
a su reina en su
cálida vivienda
llamada **panal**.

Una mamá jirafa hace mimos a su bebé
en su tierra, la **pradera** africana.

Una tortuga de mar verde se arrastra fuera de su casa en el **océano** para poner huevos en la arena de las islas Galápagos.

Una serpiente de cascabel agita su cola ruidosa, para avisar a los intrusos que deben mantenerse muy lejos de su casa en el **desierto**.

Una gran garza acecha a un pez
en su casa en los **pantanos**
de Everglades en Florida.

Un perrito
de las praderas
muy curioso
asoma la cabeza
fuera de su casa
subterránea en
el sur de los
pastizales
de Dakota.

Un pez payaso se esconde entre las anémonas en su hogar, el **arrecife de coral** en el Océano Pacífico.

Con sus piquitos muy abiertos, los pichones del verdín piden a su madre que los alimente en su hogar, un **nido** en el bosque.

En Australia, una mamá canguro lleva su bebé en su **bolsa**, un lugar muy seguro para él.

Una lagartija pasa sobre un árbol caído en la **selva tropical**, su hogar en Costa Rica.

Una nutria muy trabajadora junta ramitas y plantas para construir su **dique** a través de la corriente de agua.

Una cabra de **montaña** descansa en las alturas de Alaska.

En todo el mundo, los animales
viven en lugares especiales—
al igual que los seres humanos.

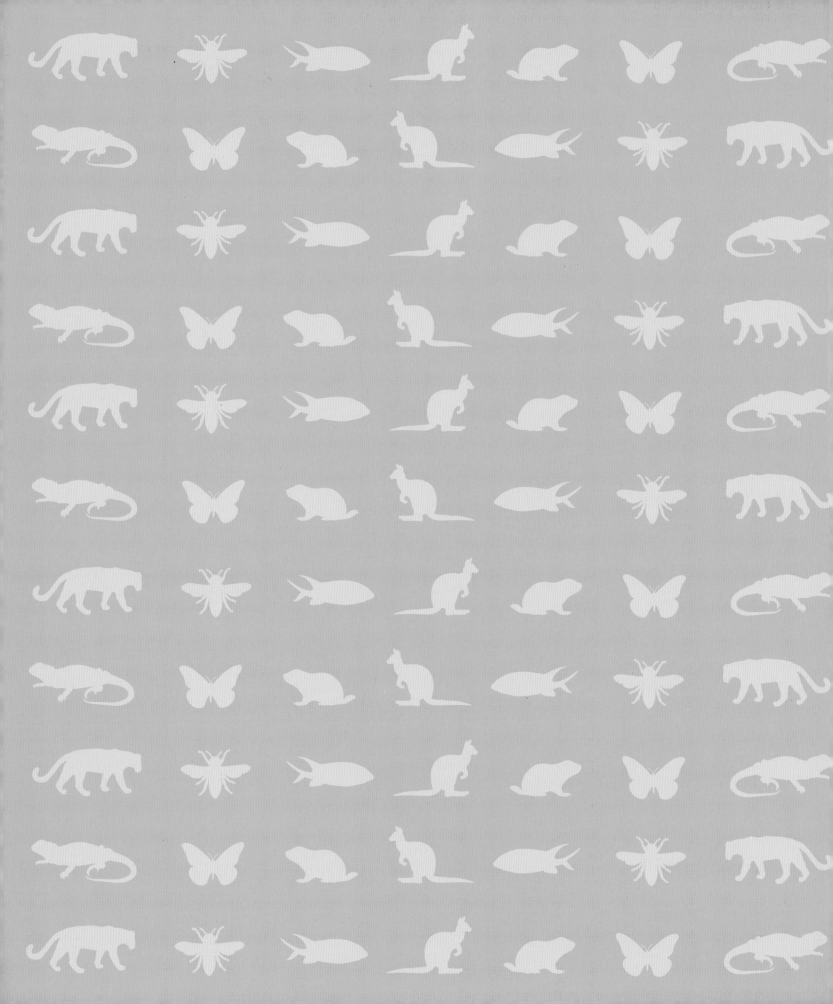